INSTRUCTION PUBLIQUE.

FACULTÉ DE DROIT DE STRASBOURG.

ACTE PUBLIC

SUR LA

CONTRAINTE PAR CORPS

EN MATIÈRE CIVILE,

Soutenu à la Faculté de Droit de Strasbourg, le Vendredi 2 Avril 1819, à quatre heures de relevée,

POUR OBTENIR LE GRADE DE LICENCIÉ EN DROIT,

PAR

AUGUSTE DE CHEVILLY,

DE NANCY (MEURTHE),

BACHELIER ÈS-LETTRES ET EN DROIT.

STRASBOURG,

De l'imprimerie de LEVRAULT, impr. de la Faculté de Droit.

1819.

M. HERMANN, Chevalier de l'Ordre royal de la Légion d'Honneur,
Doyen de la Faculté de Droit.

EXAMINATEURS:

MM. THIERIET DE LUYTON, ⎫
   LAPORTE,   ⎬ Professeurs.
   HERMANN,   ⎭
   BLOECHEL. . . . . Suppléant.

DE LA

CONTRAINTE PAR CORPS

EN MATIÈRE CIVILE.

~~~~~~~~~~~~~~~~~~~~~~~

PREMIÈRE PARTIE.

~~~~~~~~~~~~~~~~~~~~~

Précis historique de la législation sur cette matière.

Cʜᴇᴢ la plupart des peuples civilisés, les lois ont garanti l'exécution des engagemens contractés par les citoyens, en y affectant non-seulement les biens meubles et immeubles qu'ils possèdent, mais aussi, à défaut de ceux-ci, le plus précieux de tous, leur liberté personnelle.

A Athènes, le créancier avoit le droit de retenir son débiteur en prison, et même de le faire vendre s'il ne pouvoit en être payé autrement.[1]

En Égypte, ce droit s'exerçoit avec une égale rigueur ; les créanciers pouvoient même saisir les cadavres de leurs débiteurs morts insolvables, et les priver ainsi des honneurs de la sépulture.

A Rome, les lois sur cette matière paroissent avoir surpassé en sévérité celles de tous les autres peuples. Dès les premiers siècles de sa fondation, le débiteur qui, après avoir été condamné en

---

[1] Aɴᴛᴏᴄɪᴅ., *de Myst.*, part. 1.ʳᵉ, p. 12. Dᴇᴍᴏsᴛʜ., *in Apath.*, p. 933. *Id. in* Aʀɪsᴛ., p. 837.

justice, n'acquittoit pas sa dette dans un délai déterminé, ou ne présentoit pas une caution, pouvoit, en vertu de l'ordonnance du préteur, être lié, garotté et emmené par son créancier. C'est de là que sont vènues les expressions *obœratus* et *addictus*.[1]

Plus tard la loi des douze tables, en confirmant cet usage, assimila le sort des débiteurs insolvables à celui des prisonniers de guerre, et permit aux créanciers de les réduire en esclavage, de les charger de fers et de les vendre.[2]

Dans les fragmens qui nous restent de cette loi, la troisième table, qui traite des dettes, contient plusieurs dispositions sur le sort des débiteurs insolvables.

D'après les cinq premiers chefs[3] il falloit que le débiteur avouât sa dette, ou qu'un jugement légalement prononcé le condamnât. Dans l'un ou l'autre cas, il avoit un délai de trente jours pour se libérer. Après ce délai seulement le créancier pouvoit s'en saisir et le conduire devant le magistrat pour se le faire adjuger. Si le débiteur ne payoit pas ou ne trouvoit personne qui voulût se charger de sa dette, il étoit livré entre les mains du créancier, qui l'emmenoit chez lui, et pouvoit le lier par les pieds ou par le cou, ou même le charger de chaînes, pourvu que leur poids n'excédât pas quinze livres. Le débiteur, ainsi enchaîné, avoit le choix de vivre à ses dépens ou à ceux du créancier. Dans ce dernier cas, celui-ci étoit obligé de lui donner une livre de farine par jour, ou plus s'il vouloit. Réduit à cet état, il avoit encore la faculté de transiger; s'il ne le faisoit pas, il pouvoit être retenu dans les fers soixante jours, durant lesquels le créancier devoit le faire paroître aux yeux du peuple pendant trois jours de marché, et faire proclamer la somme dont il étoit fraudé.

---

1 HEINECCIUS, *lib.* 3. *tit.* 30, §. 2, *ant. Rom. jurisp.*
2 BOUCHAUD, Comment. de la loi des douze tables.
3 HEINECCIUS, *Hist. jur. Rom. paraphrasis tabul.*

L'extrême sévérité des dispositions contenues aux sixième et septième chefs, a donné lieu à de grandes discussions parmi les commentateurs. Ils semblent permettre au créancier de vendre le débiteur, et même de le tuer et de s'en partager le corps.

Voici le texte du septième chef : [1]

At si plures erunt rei, tertis nundinis, partis secanto ;
Si plus minusve secuerunt, se fraud-esto.

« Mais, s'il y a plusieurs créanciers, après que trois jours de « marché sont passés, qu'ils le coupent, et s'ils en coupent plus « ou moins, qu'ils ne puissent être accusés de fraude. »

L'atrocité d'une semblable disposition, et l'assurance que donne AULUGELLE [2] par la bouche de CŒCILIUS, l'un de ses interlocuteurs, que jamais cette loi n'a été exécutée dans le sens qu'on lui prête, ont fait penser à de savans jurisconsultes, tels que SAUMAISE [3] et MABILLON [4], en se fondant sur le témoignage de QUINTILIEN [5], qu'elle n'étoit que comminatoire, et que le législateur ne l'avoit rendue si rigoureuse que pour en empêcher l'exécution.

D'autres commentateurs, tels que BYNKERSHOECK [6], HEINECCIUS [7], et de nos jours M. BOUCHAUD [8], ont soutenu que le mot *secare*, employé dans le texte latin, ne s'entendoit point du corps, mais des biens du débiteur. Ce sens paroît en effet plus raisonnable ; car, lorsqu'une disposition est susceptible d'une double interprétation, il est naturel de ne pas lui attribuer la plus atroce.

L'état de choses établi par la loi des douze tables dura jusqu'à la loi *Pætelia papyria*, rendue l'an de Rome 427. Cette loi

---

1 HEINECCIUS, *Hist. jur. civ. paraphr. duodecim tab.*, *tab. III, de rebus creditis.* 2 *Lib.* 20, *cap.* 1.   3 *Lib.* 2, *De re diplomat.*, *cap.* 9, §. *ult.*   4 *De modo usur.*, *cap.* 18.   5 INST. *orat.*, *lib.* 3.   6 BYNKERSHŒCK, *Observat. lib.* 1, *cap.* 1.   7 *Hist. jur. civ., paraphr. XII tab.*   8 Comment. de la loi des XII tables.

ne nous est pas parvenue; mais Tite-Live[1] et Varron[2] nous apprennent qu'elle portoit , « qu'on n'emprisonneroit plus les débi-
« teurs, et que leurs biens et non leur corps seroient engagés
« pour la sûreté de la dette. »

Cette loi adoucit beaucoup le sort des débiteurs; cependant,
soit qu'elle contînt une exception, soit qu'on trouvât moyen de
l'éluder, elle ne fit pas entièrement cesser l'usage de la contrainte
par corps : son insuffisance fut sentie par le peuple, qui demanda
une nouvelle loi. Enfin Jules César, touché du sort des débiteurs,
les mit, par la loi *Julia de datione in solutum*, à l'abri de la
contrainte par corps et de l'infamie résultant de leur insolvabi-
lité , en leur permettant de faire cession de leurs biens, lorsqu'ils
n'étoient pas coupables de fraude ou de mauvaise foi.[3]

Ce bénéfice , qualifié de *beneficium flebile*, qui dans l'origine
n'avoit été accordé qu'aux débiteurs domiciliés en Italie, fut éten-
du ensuite aux autres provinces de l'empire; mais, jusqu'à la
cession, les débiteurs n'en demeuroient pas moins soumis à la
contrainte.

La jurisprudence romaine, établie par la loi *Julia*, et renou-
velée par Justinien dans la *Nov.* 4, *cap. ult.*, passa en France,
et y fut en usage jusqu'en 1304. A cette époque, Philippe le Bel
défendit de prononcer la contrainte dans les cas où elle n'auroit
pas été stipulée par une clause expresse; mais il est vrai de dire
que cette clause devint de style dans les actes de notaire, de sorte
qu'on disoit communément : *nullum sine corpore pignus.*

L'ordonnance de 1304 reçut plusieurs exceptions; d'abord,

Par l'édit de Février 1535[4], qui établit le tribunal de conserva-
tion de Lyon, et permit d'exécuter ses jugemens par prise de corps
et de biens;

---

1 *Lib. II* , *cap.* 23.   2 *De re rustica lib. II.*   3 *Nov.* 4, *cap. ult.*
4 Fournel, Traité de la contrainte par corps.

Par les articles 96, 102 et 179 de l'ordonnance de 1539, rendue à Villers-Cotteret, et par l'édit de 1563, portant érection d'un juge et quatre consuls de marchands dans la ville de Paris, dont les sentences pourroient être exécutées par corps, lorsqu'elles n'excéderoient pas 500 francs.

Enfin, pour mettre un frein aux subterfuges des débiteurs et à la multiplicité des instances qu'ils opposoient à l'exécution des condamnations, l'ordonnance de Moulins, due à la sagesse du chancelier de l'HôPITAL [1], statua (art. 48) que, dans le cas même où la contrainte par corps n'auroit pas été stipulée, elle seroit employée contre quiconque seroit condamné pour dette, quelle que pût en être la cause, si elle n'étoit pas acquittée dans les quatre mois du jour de la condamnation signifiée.

La sévérité de cette loi fut tempérée par l'ordonnance civile [2], qui abrogea la disposition de l'article 48 de l'ordonnance de Moulins, en exprimant les cas où la contrainte par corps pourroit être ordonnée par les juges.

Entre autres heureuses innovations introduites par cette ordonnance, on remarque l'article 8, titre 34, qui exemptoit de la contrainte par corps les femmes et les filles, si ce n'est lorsqu'elles étoient marchandes publiques ou en cas de stellionat procédant de leur fait.

Une autre ordonnance de 1670, titre 13, art. 23, obligea les créanciers à pourvoir à la nourriture des débiteurs qu'ils faisoient emprisonner, et la déclaration du 10 Janvier 1680, y ajouta l'obligation de consigner d'avance la somme nécessaire pour la nourriture d'un mois.

Ces dispositions conservèrent leur empire jusqu'au 9 Mars 1793, où l'exagération des idées révolutionnaires et l'oubli des véritables principes sur la liberté civile, firent rendre par la convention

---

1 Ordonnance de 1566.　　2 Ordonnance de 1667, tit. 34, art. 1.er

nationale, un décret qui prononça la mise en liberté de tous les débiteurs pour dettes, et l'abolition de la contrainte par corps. Cependant, quelques jours après, on établit une exception, reconnue nécessaire, contre les dépositaires et comptables de deniers publics.

Bientôt l'époque arriva où l'on sentit le besoin de replacer l'ordre public sur ses bases premières, et de lui rendre une de celles qui étoient le plus propres à l'affermir, par le respect qu'elle assuroit aux engagemens.

Le corps législatif, cédant à cet égard au vœu de l'opinion publique, rétablit, par la loi du 24 Ventôse an 5, la contrainte par corps dans tous les cas où la stipulation en étoit autorisée par les lois antérieures.

Cette disposition générale fut modifiée par la loi du 15 Germinal an VI, qui, après avoir précisé les cas auxquels la contrainte par corps pourroit être appliquée, tant en matière civile que commerciale, en régla le mode d'exécution.

Enfin, le 4 Floréal suivant, on compléta le réglement de cette matière, en déterminant, par une loi, les cas où la contrainte par corps auroit lieu pour les engagemens entre étrangers.

Tel étoit par aperçu l'état de la jurisprudence françoise sur la contrainte par corps, lorsque parut le titre 16 du livre III du Code civil, qui fixa notre législation sur cette matière.

DEUXIÈME PARTIE.

De la contrainte par corps, suivant les principes du Code civil.

Les hommes ne contractant ensemble que dans l'attente que leurs engagemens respectifs seront exécutés, toutes transactions

seroient bientôt suspendues, si la mauvaise foi et l'intérêt person-
nel pouvoient les éluder impunément. Le législateur a dû par
conséquent, après avoir réglé la nature et les effets des conventions, y ajouter des moyens coërcitifs d'exécution.

Ces moyens résultent, ou de la stipulation des parties, ou de la
seule force de la loi. Ils tendent, les uns seulement à garantir l'acquittement des obligations, comme le cautionnement, le nantis-
sement, les priviléges et hypothèques ; les autres, à procurer cet
acquittement, comme l'expropriation forcée, la saisie-arrêt, la saisie-
exécution et la contrainte par corps.

La contrainte par corps, en matière civile, est la voie par laquelle
un créancier peut, en certains cas, obliger son débiteur au paiement de ce qu'il lui doit, en le constituant prisonnier. Par sa
nature, elle n'est qu'une suite de l'obligation : ainsi, en aucun
cas, elle ne peut devenir un contrat principal ; elle est toujours
contrat accessoire. Cette matière étoit l'une des plus diffi-
ciles à régler, vu l'importance de ses effets. Le législateur a cher-
ché à éviter à la fois deux dangers : d'une part, celui de porter à
la liberté des citoyens une restriction qui pourroit dégénérer en
graves abus ; de l'autre, celui de garantir la propriété contre le dol
et la mauvaise foi.

Après avoir établi, comme règle fondamentale, que la contrainte
par corps ne peut être prononcée si elle n'est autorisée par une loi
formelle, il a déterminé les cas dans lesquels elle peut être stipulée par les parties, et ceux où les tribunaux peuvent ou doi-
vent la prononcer. Il a fondé ces dispositions, soit sur la faveur
que méritent certaines créances, soit sur la nécessité de réprimer
avec rigueur la mauvaise foi et l'infidélité des débiteurs.

On peut distinguer trois sortes de cas dans lesquels l'exercice
de la contrainte par corps a lieu :

1.° Lorsqu'elle est stipulée formellement par la loi ; et dans ce
cas le juge ne peut se dispenser de l'ordonner ;

2.° Lorsqu'elle est remise à l'arbitrage du juge ;

3.° Lorsqu'elle est convenue par les parties, et que la loi autorise cette stipulation.

CHAPITRE PREMIER.

De la contrainte par corps légale.

La contrainte par corps légale est celle qui a lieu en vertu de la loi seule, et que le juge ne peut se dispenser d'ordonner.

Elle s'exerce dans trois cas :

1.° En haine de la conduite du débiteur ;

2.° Pour assurer l'exécution des jugemens ;

3.° Pour celle des engagemens, résultant de certaines fonctions publiques, envers le Gouvernement.

Art. I.er La contrainte par corps est prononcée en haine de la conduite du débiteur,

1) En cas de stellionat. En Droit romain on donnoit généralement ce nom à toutes les espèces de fraude qu'on commettoit dans les conventions[1]. Dans l'ancien Droit françois, aucune règle fixe n'avoit limité non plus l'acception de ce mot. L'art. 2059 du Code civil ne laisse plus d'équivoque sur les faits qui caractérisent le stellionat.

2) Pour restitution de dépôt nécessaire. Il n'en est pas de même lorsqu'il s'agit de dépôt volontaire ; mais celui qui viole un dépôt fait au nom de l'humanité et sur la foi publique, se rend coupable envers toute la société, et dans ce cas c'est l'intérêt de tous qui réclame son châtiment (art. 1949).

3) Contre le fol enchérisseur, pour le paiement de l'excédant de son prix sur celui de la revente (art. 712, 744 du Code de procéd. civ.).

---

[1] L. 7, §. 1, *ff. ad S. C. Turpillianum.*

On appelle fol enchérisseur celui qui, après s'être fait adjuger un bien en justice, n'exécute pas les clauses de l'adjudication (art. 737 du Code de procéd.).

4) Contre le saisi immobilièrement, pour les dommages-intérêts résultant des dégradations qu'il pourroit avoir faites sur l'immeuble saisi depuis la dénonciation de la saisie (art. 690 du Code de procéd.). La contrainte par corps a lieu dans ce cas, parce que le saisi, en conservant la possession de son immeuble jusqu'à la vente, est regardé par la loi comme séquestre judiciaire (art. 688 du Code de procéd.).

Art. II. La contrainte par corps est prononcée pour assurer l'exécution des jugemens:

1) En cas de réintégrande, pour le délaissement ordonné par justice d'un fonds dont le possesseur a été dépouillé par voies de fait (art. 2060);

2) Lorsque le spoliateur de ce fonds est condamné à restituer les fruits perçus pendant son indue possession (art. 2060);

3) Lorsqu'en réintégrant le spoliateur est condamné de plus aux dommages-intérêts envers le propriétaire (art. 2060), mais après liquidation pour ce qui concerne ces deux derniers objets (art. 552 du Code de procéd.);

4) Lorsqu'il est ordonné à des officiers publics de représenter leurs minutes, et qu'ils s'y refusent (art. 2060);

5) Lorsque ces mêmes officiers refusent expédition d'un acte aux parties intéressées en nom direct, ou à leurs ayans droit (art. 839 du Code de procéd.);

6) Pour la représentation des choses déposées aux séquestres, commissaires et autres gardiens judiciaires (art. 2060). Cette disposition est conforme à l'ancienne jurisprudence, qui vouloit que les séquestres judiciaires fussent soumis à la contrainte par corps. (Voy. Dénisart, *verbo* Séquestre.

7) Contre les cautions judiciaires et contre les cautions des

contraignables par corps, lorsqu'elles se sont soumises à cette contrainte.

8) Contre le saisi immobilièrement qui ne délaisse point la possession de l'immeuble saisi., après la signification du jugement d'adjudication (art. 714, Code de pr.). Le saisi, dans ce cas, se, rend responsable envers la justice d'une rebellion, qui doit être réprimée.

9) Contre l'étranger non domicilié en France, pour raison des condamnations obtenues contre lui par un François (loi du 10 Septembre 1807). Les législateurs de tous les âges de la jurisprudence françoise se sont empressés de consacrer en principe, qu'en matière purement civile l'étranger, non domicilié en France, seroit contraignable par corps pour les engagemens contractés par lui au profit d'un François. Cet usage fut pratiqué en France jusqu'au 9 Mars 1793 ; aboli à cette époque, en même temps que la contrainte par corps à l'égard des François, il dut être rétabli, quoique tacitement, par la loi du 25 Ventôse an V, puisqu'en remettant les choses dans l'état où elles étoient avant le décret d'abrogation, cette loi n'a fait aucune exception.

Ensuite la loi du 24 Floréal an VI dissipa toute incertitude à cet égard, en statuant que l'étranger résidant en France seroit soumis à la contrainte par corps pour tous les engagemens qu'il contracteroit sur le territoire avec des François, s'il n'y possédoit pas des propriétés foncières ou un établissement de commerce.

Cette loi ayant été abrogée par l'article 2063 du Code civil, qui défend de prononcer la contrainte par corps hors les cas qu'il a déterminés, ou qui pourroient l'être à l'avenir par une loi formelle, il devint indispensable de remplir cette lacune de la législation. Tel a été le but de la loi du 10 Septembre 1807.

· ART. III. La loi prononce la contrainte par corps contre ceux de ses agens à qui elle a conféré l'exercice exclusif de certaines fonctions :

1) Pour restitution de deniers consignés entre les mains de personnes publiques établies à cet effet (art. 2060) ; [1]

2) Contre les notaires, avoués et huissiers, qui sont condamnés à la restitution des titres à eux confiés, ou des deniers par eux reçus pour leurs cliens par suite de leurs fonctions (art. 2060).

CHAPITRE II.

De la contrainte par corps judiciaire.

La contrainte par corps judiciaire est celle dont l'application est laissée à la prudence des juges, qui peuvent la prononcer ou la refuser, selon les circonstances, mais toujours dans les cas déterminés par la loi.

Elle peut avoir lieu :

1.° Contre celui qui, ayant été condamné à désemparer un fonds par un jugement rendu au pétitoire et passé en force de chose jugée, n'a pas obéi dans le délai fixé (art. 2061). Il peut, par un second jugement, être contraint par corps, quinze jours après la signification du premier jugement à personne ou domicile.

2.° Pour le paiement de l'amende, des dommages et intérêts, et même du principal de la dette, contre celui qui a dénié une pièce, lorsque la dénégation a été jugée mal fondée (art. 213 du Code de procéd.)

3.° Pour dommages et intérêts au-dessus de la somme de trois cents francs (art. 126 du Code de procéd.).

4.° Pour reliquat de compte de tutelle, curatelle, d'administration de corps et communautés, établissemens publics, ou de toute administration confiée par justice, et pour toutes restitutions à faire par suite desdits comptes (art. 126, Code de procéd,).

---

1 Loi du 28 Nivôse an XIII, art. 5.

5.° Contre les fermiers et colons partiaires, pour défaut de représentation, à la fin du bail, des cheptels, semences et instrumens aratoires qui leur ont été confiés, à moins qu'ils ne justifient que le défaut ne procède pas de leur chef (art. 2062).

6.° Contre le comptable qui ne présente pas son compte dans le délai fixé : il peut être contraint par corps si le tribunal l'estime convenable (art. 534, Code de procéd.).

CHAPITRE III.

De la contrainte par corps conventionnelle.

La contrainte par corps conventionnelle est celle qui ne peut avoir lieu si elle n'a pas été stipulée formellement.

Cette espèce de contrainte subsistoit déjà dans l'ancienne législation (art. 7, titre 34, ordonnance de 1667): on ne la retrouve pas dans la loi du 15 Germinal an VI, qui réorganise la contrainte par corps. Le Code civil est la première loi qui l'ait reproduite depuis l'abolition générale. Mais le législateur, redoutant les nombreux abus qu'avoit produits autrefois la faculté illimitée de cette stipulation, prévoyant d'ailleurs qu'un homme pressé par le besoin se soumettroit inconsidérément à cette contrainte pour obtenir plus facilement des secours, et jugeant qu'un citoyen ne pouvoit engager ainsi sa liberté contre son propre intérêt, celui de sa famille et de la société, a réduit à deux les cas où cette faculté pourra être exercée :

1.° Pour cautionnement d'un contraignable par corps (art. 2060), car il doit être permis de prendre contre la caution les mêmes sûretés que contre le débiteur ;

2.° Pour le paiement des fermages des biens ruraux par les fermiers, lorsque l'acte de bail en contient la stipulation expresse (art. 2062). Cette disposition est conforme à l'article 7, titre 34, de l'ordonnance de 1667, qu'elle confirme purement et simplement.

Telles sont les causes pour lesquelles la contrainte par corps peut aujourd'hui avoir lieu en matière civile : le législateur, pour en déterminer le nombre, a dû nécessairement balancer le respect dû à la liberté personnelle avec la garantie qu'on doit à la propriété. Mais ce n'étoit pas assez d'avoir posé des limites à l'exercice d'un moyen aussi rigoureux ; il falloit encore empêcher l'arbitraire de les franchir. C'est pour atteindre ce but qu'il est défendu, hors les cas déjà déterminés ou qui pourroient l'être à l'avenir par une loi formelle, à tous juges, de prononcer la contrainte par corps ; à tous notaires et greffiers, de recevoir des actes dans lesquels elle seroit stipulée ; et à tous François, de consentir pareils actes, encore qu'ils eussent été passés en pays étrangers : le tout à peine de nullité, dépens, dommages et intérêts (art. 2063).

CHAPITRE IV.

Règles communes à tous les cas où la contrainte par corps peut avoir lieu.

1.° Pour exercer la contrainte par corps, il ne suffit pas qu'elle ait été autorisée par une loi formelle : il est encore une formalité indispensable qui ne peut jamais être suppléée ; c'est la représentation d'un jugement de condamnation. Cette disposition est prescrite impérieusement par l'article 2067, et procure au débiteur le double avantage d'obtenir un délai pour satisfaire à sa dette, et une garantie contre les abus que le créancier pourroit se permettre dans l'exercice des moyens que la loi lui accorde.

2.° Une seconde règle, relative à tous les cas où la contrainte par corps peut avoir lieu, est la quotité de la somme pour laquelle elle peut être prononcée, et qui, d'après l'article 2065 (Code civ.), ne peut être moindre de 300 francs. Cette disposition n'est pas tirée de l'ancienne jurisprudence ; mais on a pensé qu'il seroit révoltant de traîner un citoyen en prison pour une dette aussi modique, et qui, en général, doit avoir peu d'influence sur la fortune du créancier.

3.° Le créancier doit consigner, entre les mains du geolier, la valeur des alimens à fournir en prison au débiteur, au moins pour un mois d'avance (art. 789 et 791, Code de procéd. civ.).

4.° L'exercice de la contrainte par corps n'empêche ni ne suspend les poursuites et les exécutions sur les biens du débiteur (art. 2069); de sorte que le créancier, porteur d'un jugement avec contrainte par corps, peut encore faire faire des saisies-arrêts et exécutions. Cette faculté semble très-rigoureuse, en ce qu'elle met au pouvoir du créancier la personne et les biens du débiteur, et qu'elle ôte à celui-ci les moyens de travailler à sa libération ; mais elle est une conséquence nécessaire du principe qui, en matière civile, a permis, de tous temps, de faire marcher de front l'action sur la personne et l'action sur les biens.

CHAPITRE V.

Des personnes exemptes de la contrainte par corps.

Il y a des personnes à l'égard desquelles la rigueur de la contrainte par corps a toujours paru excessive, et qui par cette raison en sont exemptes ; telles sont :

1.° Les mineurs (art. 2064). Cette exception est une conséquence nécessaire du principe établi par l'art. 1305 du Code civil ; car, si le mineur est restitué contre la simple lésion résultant de ses engagemens, à cause de la foiblesse et de l'inexpérience de son âge, à plus forte raison doit-il l'être contre la privation de sa liberté, qui est la lésion la plus grave. Cependant, si un mineur émancipé étoit commerçant ou fermier de biens ruraux, ou colon partiaire, comme il est majeur pour son état (art. 2 du Code de comm.), il pourroit stipuler la contrainte et être condamné.

2.° Les femmes mariées, excepté dans le cas de stellionat (art. 2066 du Code civ.), ou lorsqu'elles sont marchandes publiques. Le Code civil a maintenu ces deux exceptions, qui sont conformes à l'ancienne jurisprudence ; mais il n'a parlé que de la première, parce que l'autre concerne les affaires de commerce, dont il ne s'occupe pas, et qu'il soumet à l'empire de la loi de Germinal an VI, titre II (art. 2070).

Pour qu'il y ait stellionat de la part des femmes mariées, deux circonstances sont requises : il faut, 1) qu'elles soient séparées de biens, ou qu'elles en aient dont elles se soient réservé la libre administration, comme lorsqu'elles ont des biens paraphernaux;

2) Que l'engagement où l'on prétend que le stellionat a été commis, concerne les biens dont elles ont la libre administration.

La femme est contraignable dans ce cas, lors même qu'elle a contracté sous l'autorité de son mari. Le mari n'est pas responsable du stellionat (voy. Exp. des motifs).

Mais les femmes qui, étant en communauté, se seroient obligées solidairement ou conjointement avec leurs maris, ne pourront être réputées stellionataires à raison de ces contrats, parce que le mari, comme chef de la communauté et comme administrateur général des biens, est présumé avoir la connoissance de tout ce qui est relatif au contrat, et par conséquent seul responsable. C'est dans ce sens qu'un édit de Juillet 1680 explique l'article 8, titre 34, de l'ordonnance de 1667, qui avoit reçu diverses interprétations.

3.° Les filles, excepté dans le cas de stellionat, et lorsqu'elles sont marchandes publiques (art. 2066).

4.° Les personnes qui sont entrées dans leur soixante-dixième année (art. 2066). Le respect dû à la vieillesse, les infirmités dont elle est accablée, les soins et les ménagemens qu'elle exige et dont la privation pourroit devenir mortelle, et l'autorité de l'ancienne jurisprudence, s'opposoient à l'incarcération des septuagénaires. Il est cependant un cas où ces considérations cessent, et où la contrainte par corps a lieu contre le septuagénaire ; c'est lorsqu'il y a stellionat de sa part (art. 2066). Cette faute est si énorme aux yeux de la loi, qu'elle reprend toute sa sévérité contre celui qui s'en est rendu coupable.

Il y a eu autrefois de grandes controverses en jurisprudence sur la question de savoir si, pour être à l'abri de la contrainte par corps, il falloit avoir soixante-dix ans accomplis, ou s'il suffisoit d'être entré dans sa soixante-dixième année.

Un assez grand nombre d'arrêts avoit déchargé de la contrainte par corps des débiteurs âgés de soixante-neuf ans et quelques mois.[1]

Il en existoit d'autres qui n'admettoient la décharge de la contrainte par corps que pour ceux qui avoient accompli leur soixante-dixième année. Cette dernière jurisprudence étoit celle du Parlement de Paris : elle avoit été fixée par un arrêt du 4 Août 1737. La loi du 15 Germinal an VI n'avoit rien décidé de positif à cet égard ; mais l'art. 2066 du Code civil tranche la difficulté en faveur des septuagénaires.

Il résulte du procès-verbal des discussions[2], que le débiteur qui a atteint sa soixante-dixième année dans la prison, peut, en rapportant son acte de naissance, faire prononcer son élargissement. Un arrêt du Conseil, du 8 Mai 1688, en avoit déjà décidé de même dans l'ancienne jurisprudence.

Un moyen qui reste au débiteur insolvable, légalement con-

---

1 DÉNISART, *verbo* Contrainte par corps.
2 T. III, séance du 16 Frimaire an XII.

damné, pour se soustraire à la contrainte par corps, est la cession de biens.

La cession de biens est l'abandon qu'un débiteur fait de tous ses biens à ses créanciers, lorsqu'il se trouve hors d'état de payer ses dettes (art. 1265 du Code civ.).

Le Code la divise en volontaire et judiciaire (art. 1266).

Elle opère la décharge de la contrainte par corps ; toutefois elle ne libère le débiteur que jusqu'à concurrence de la valeur des biens abandonnés, et dans le cas où ils seroient insuffisans, s'il lui en survient d'autres, il est obligé de les abandonner jusqu'à parfait paiement.

Cette matière n'étant qu'accessoire au sujet que je viens de traiter, je me bornerai à ces explications. Le Code présente sur la cession des biens des notions plus étendues, mais qui m'entraîneroient trop loin du sujet que je me suis proposé dans cette Dissertation.

FIN.

www.ingramcontent.com/pod-product-compliance
Lightning Source LLC
Chambersburg PA
CBHW050449210326
41520CB00019B/6143